사유思惟의 우물

미네르바 시선 063

사유思惟의 우물

신인호 시집

미네르바

■ 시인의 말

인간은 사색의 동물

텅 빈 人生의 뜰에서
창연創然을 바라보며
순간순간 감동으로 와 지는
내 삶 속에 숨은
마음의 소리
영혼의 소리를
꺼내어 어설피 엮어본다

詩의 세계는 너무 고와
生의 바구니에
탐스러운 열매 하나
담는 것이 꿈이지만

그에 앞서
나 자신이 詩가 되고
名作品이 되고 싶다

구름처럼 세월은 달리지만
잠시 머무는 쉼터에서
함께 마음을 푸는 시간이
되었으면 하는 바람이다.

2021년 7월
신인호

■ 차 례

1부 사유思惟의 우물

고흐의 노을 _ 19
사유思惟의 우물 _ 20
꿈꾸는 유토피아 _ 22
지우개 _ 24
미지에서 온 새 한 마리 _ 26
빈집 _ 27
달빛 소리 _ 28
그림 _ 30
흔적 _ 32
발목에 묶인 시간 _ 33
엔젤 트럼펫 Angel's Trumphet _ 34
내 속에 사는 정원사 _ 36
까치산 알람 소리 _ 38
새벽기도 _ 39

2 부   스페인 광장의 기타 소리

발끝의 추억 _ 43

침묵 또는 그리움 _ 44

고독 1 _ 46

고독 2 _ 48

백운호수에서 _ 49

노을 속의 새 _ 50

한 잎의 추억 _ 52

다뉴브 강 1 _ 54

다뉴브 강 2 _ 55

베네치아 _ 56

스페인 광장의 기타 소리 _ 58

난초와 소쩍새 _ 60

정의 무게 _ 61

인사동 _ 62

3부　연두를 호명하다

아침의 기호 _ 65

기다림 1 _ 66

기다림 2 _ 68

가시 _ 70

연두를 호명하다 _ 72

남해를 복사하다 _ 74

하얗게 열리는 집 _ 75

웃음은 꽃처럼 _ 76

어떤 봄 _ 77

고요를 깨다 _ 78

고요에 박혀 있는 별빛 _ 79

바람의 옷 _ 80

서재에서 _ 81

새의 오월 _ 82

4부 생존의 무게

여름의 끝자락 _ 85

겨울에 들다 _ 86

집시 _ 87

노을의 끝 _ 88

생존의 무게 _ 90

하얀 길로 떠난 친구 _ 92

꿈의 풍경 _ 94

사망의 그늘 _ 95

쉼이 그리워 _ 96

잠 속의 길 _ 98

현충원에서 1 _ 99

현충원에서 2 _ 100

무욕無慾 _ 102

낮달의 표정 _ 103

5부 달, 쪼아 먹히다

도화지 위에 뜬 조각달 _ 107

이명 _ 108

달, 쪼아 먹히다 _ 109

시적이라고 말하고 싶다 _ 110

보리수가 밝아서 _ 112

그린공원 _ 114

물꽃 _ 115

그릇 _ 116

조개 무덤 _ 118

잠든 산 _ 119

귀뚜라미 _ 120

되돌아오는 길 _ 121

공허, 조우하다 _ 124

바람의 초상 _ 125

작은 씨알 _ 126

■ 해설 | 관념과 정서 동태적 이미지로
　　　재구성 돋보여 _ 박진환 _ 129

1부

사유思惟의 우물

고흐의 노을

고흐의 그림 속으로
하루가 저문다

바람에 떠밀려 가는 구름
새떼들은 그리움을 물고
노을 속으로 숨는다

강물에 떨어진 노을
파란에 깨어지고
날아오르는 청둥오리 떼

수심 깊은 시간이 사라지고
서서히 물드는 탈속의 마음

욕망의 무게로 힘겨운 한낮도
꿈을 좇아 내달리던 하루도
소소한 마음마저 내려놓는다

내 속에 은근히 물드는 노을빛 삶

사유思惟의 우물

고요가 소리를 내며 녹아내린다

글썽이는 여름의 끝자락을 거두며
달려온 소슬바람
생각을 밟아 가는 동안
풀벌레 소리 허공에 성근 천을 짠다

어둠을 먹고 자란 밤하늘
도라지꽃이 숲이 되어
떠 있는 속을 헤집고 나온 하현달
창문에 서성일 때
구겨진 그리움 하나
농익어 흔들린다

빗속에 지워진 얼굴들
풀꽃에 묻어 노을로 지고

어둠을 둥글게 끌어안고
잃어버린 것들을 퍼 올리는

계절의 정취
사색의 늪으로 떠밀려 간다

꿈꾸는 유토피아

생명의 출발 종이 울리면
설레임으로 시새워 떠나는 길

발이 닳도록 세월의 물살을 가르며
가파른 언덕을 올라도 보이지 않고
현란한 신기루의 눈빛처럼
빛났다 사라지는 환각의 회오리
잡힐 듯 잡히지 않네

고서古書가 가루로 날리도록 뒤져도
돌아온 삶의 엉킨 숲을 헤쳐도
새의 비상으로 하늘을 휘젓고
파도가 날뛰는 바닷속을 헤집어도
찾을 듯 찾을 수 없네

찾아도 보이지 않고
보아도 영원히 잡히지 않는
텅 빈 허공
〈

생명의 해가 질 때까지
목마르게 달려가는 그곳

고달픈 삶을 터는 그날
본향을 찾아 돌아가야
만날 수 있을까?

지우개

인생은 수학 숙제
수없는 문제에 도전하며 걷는 길
풀고 지우고 또 풀어간다

풀리지 않을 때
계속 지우다 구멍도 난다
잘못 지워 찢어지기도 한다

구멍으로 내다보이는
험상궂은 세상
찢어진 피 흘리는 세상

메우고 고칠 수 없어
걷고 헤맬 땐 사망의 골짜기다

지워도 계속 돋아나는 마음의 죄성
뭉개도 끝내 쌓여지는 숙제

숙제가 모두 풀리는 날

신(God)은 채점을 할 것이다
몇 점을 받을 것인가
숙제는 끝나도 두렵다

미지에서 온 새 한 마리

고뇌의 배꽃들
봄 언덕에서 흔들리고 있다.

어디서인지 날아온 새 한 마리
한참이나 울고 날아갔다.

저 새가
푸른 계절 하얀 길로 떠나간
친구의 넋이 아닐까

남빛 하늘에 하얀 배꽃
떠가고 있다.

새가 날아가 버린 가지가
아직도 출렁거리고 있다.

빈집

빈집에 단풍잎 하나
날아들었다

봄날 펼치던 꿈의 나래
목청 터지게 푸른 노래 부른 날들
이글거리던 욕망의 계절을 지나
가을비에 젖은 낙과의 숨소리
모두 녹아 있는 그림

버려진 역사가 뒹군다.

낙엽은 바람에 날려 오지 않는다.
다만 시간에 실려 날아온다.
한생을 풀어놓은 자서전도
한 잎 낙엽
빈집에 서늘한 그림자 지나간다.

달빛 소리

보름달 속에서
피난 갔던 시골 동네
도랑물 소리가 들린다.

달빛 등에 업고
그림자밟기 놀이하던 아이들
달빛 떠 마시며 허기를 달랬지

반석 위 조약돌로 구르는 물
흰옷에 묻어 있는 시름을
방망이로 두드려 눈물 섞어 빨던 아낙들
지금은 하얀 하늘 길 따라 떠나갔겠지

산골에 시린 고달픈 한
밤새 풀어 우는 소쩍새 소리
산촌에 밤이 울었다.

지붕 위 박꽃에 이슬 내리면
달은 새벽으로 바삐 달리고

도랑물 소리도 따라
달 속으로 흘러갔다.

그림

떼 지어 흐르는 구름에 휩쓸려
여름을 떠내려 보낸 한강
깊은 명상에 잠겨 있다

아삭아삭 터지는 햇살에
은빛 물결이 하얀 물꽃을 피운다

유람선은 어제의 고뇌를 풀며 흐르고
전철은 오늘을 실어 나르며
환호성을 지르고 청담교를 지나간다

강둑에 시간을 낚는 강태공
머리 위로 날아온 왜가리 한 마리
섬처럼 앉아 침묵을 삭이는 바위에 서서
여름내 그을린 얼굴로 먼 하늘을 바라보는
그렁한 눈빛이 궁금하다

바람은 갈색 풀잎을 따
강물에 던지고

가을을 싣고 강변을 달리는 자전거는
지천으로 깔린 풀벌레 울음을
가슴으로 밟아간다

날개를 힘껏 펴 날아오르는
왜가리의 뒷모습
저녁노을 속에 까만 정점으로 사라지는
이 화폭 위에 내가 앉아 있다

흔적

흘러가는 시간 속에
사라지는 것들

망각의 뒤안길을
굳이 헤집어
꺼내는 새봄

머리칼 스쳐간
한 올 실바람일 뿐인데
목련꽃 필 때마다
거센 회오리로 엉겨 오는지

늙지 않는 그리움
화석이 되어
서 있는 동구 밖

봄 뜰에 노을이
내리는 저녁
산속에 새소리 불러 숨긴
목련 향기로 두고 싶다

발목에 묶인 시간

찬 하늘가
눈발 묻은 새떼 지나간 자리
시름 한 더미 서성거린다

발목에 묶인 시간
언제 풀어지려나
진액으로 찍힌 발자욱마다
보오얀 안개만 고인다

잃어버린 꽃씨 하나 찾아
머릿속 우북한 덤불 헤집고
뒤적였지만
가슴에 숯덩이 하나 꺼내
커피 잔에 탄다

칠흑으로 덧칠한 어둠이
창틈을 비집고 들어오면
머플러로 싸맨 하얀 외로움
눈 오는 하늘가
자지러들고 있다

엔젤 트럼펫 Angel's Trumphet

트럼펫을 부는 자
누구인가

하늘 가운데 마을
거기 푸른 논밭들
보이는 둥근 언덕에서 일어난다

천사여
그 소리 듣는가

누구의 손으로 만든 악기인가
뜨거운 사랑의 노래
눈물처럼 떨어지고 있구나

끝내 감추고 싶은 비밀은
이제 익어 익어 향기가 되고
풀어져 냇물에 떠가는 고뇌
가슴속에 젖어 든 물감 되었다
〈

짧구나
덧없는 트럼펫
금빛만 남아 여기 떠돌고 있다.

내 속에 사는 정원사

내 속에
정원사 한 사람 살고 있다

날마다 혼탁한 영혼의 뜰을
쓸고 손질한다.
땅을 파고 고집 같은
돌들도 골라내고
꿈을 잉태한 꽃씨를 심고 가꾼다.

수시로 우북하게 돋아나는
잡초도 뽑아내고
가시덤불도 걷어낸다.

때론 뾰족이 삐져나오는
잘난 가지는 매정히 전지한다

나무에 새들이 날아와 깃들
둥지도 달아놓고
목을 축일 옹달샘도 파놓았다.

〈
어느 날 달빛 사이로
보슬비 같은 바람이 지나고
정원 가득 꽃들이 웃는데
고요히 서성이는 그림자 하나

내 속에서 나를 가꾸고 있다.

까치산 알람 소리

까치산 산새 소리가
내 영혼의 아침을 깨운다

소리의 끝자락에 매달리는 초상
흔들리는 갈잎에도
뒤적이는 책갈피 속에도
환한 미소로 가득하다

은은히 흐르는 천상의 음악처럼
새소리에 젖는 날
하루가 설렌다

창가에 멍하니 앉아 있어도
어느덧 날아들어 온
까치산 산새

나무숲이 가을을 쏟아내고
서리 맞은 노을이 어둠으로 글썽여도

하늘은 휘파람 소리로 가득하다.

새벽기도

숲에 걸린 고요가 떨고 있다

원죄의 어두운 함정에 갇힌
외비둘기 작은 목울음
산山의 가슴에서
따스한 체액을 퍼 올린다

한 이파리 꿈을 물고
빛과 어둠의 갈림길에서
어둠을 먹고 자란 파란 하늘이
허공을 저어 여기에 이른다

겹겹이 쌓인 날개의
잿빛 먼지를 털고
안개로 범벅이 된
아침을 닦는다

뼈를 녹여 퍼 올릴수록
각질로 벗겨지는 숲

2부

스페인 광장의 기타 소리

발끝의 추억

그를 잊으려
빗속을 걷는다

발끝에 추억이
빗방울처럼 부서진다

허공으로 난 길
부옇게 달려오는 영상을
비에 섞여 흐르는 눈물로 지운다

세월로 우는 가로수
비둘기도 날아간 지 오래
빗물이 삼킨 가로등도 어둠을 지키는데
거리 모퉁이에 서성이는
그의 흔적

세찬 목소리로 하늘은
먹구름을 풀어도
뼛속 아픔 하나 지우지 못한 채
빗소리만 발등에 채인다

침묵 또는 그리움

산새가 날아왔다
남쪽의 새벽을 깨우던
소리의 끝자락이
북쪽으로 날아와 둥지를 틀었다

나뭇가지 사이로 또 다른 둥지 하나
쉽사리 오고 갈 수 없는 서러움이
침묵의 강을 건너고 있다

숨죽이는 따뜻한 체온이
바람에 묻어 날아올 때
설렘으로 흔들리는 숨결을 듣는다

밤마다 창가에 서성이는
달그림자를 안고
가슴에 파도를 잠재우는 밤

어둠을 녹인 고요를 밟으며
앞동산을 오르는 애틋한 손짓

밟고 간 발자국 따라
그리움을 줍고 있다

고독 1

우이천 바위에
왜가리 한 마리 서 있다

젖은 눈빛으로
바라보는 우수의 먼 하늘

다뉴브 강의 물새들
해 돋고 달 돋는 나라로 갔다

명상이 냇가에 번지고 있다.

함께해 줄 오리들마저
코로나에 놀라 날아가 버리고
물속 고기들도 풀잎으로
입 막고 산 지 오래

잠시 툭 치고 지나는 바람에
떨어진 버들잎 몇 개
바위를 휘돌아 흘러간다.

〈
서서히 어둠이 내리고
서녘 하늘은 붉게 물들어
왜가리의 그렇한 표정 위로
노을이 지고 있다.

고독 2

고독
그것은 폭도
칼과 낫으로 내 삶을 벤다.

살을 벗어나 달아나는 숨결도
쫓아가 저며댄다.

그것은 소리 없이
스며들어 오지 않는다
악을 쓰며 천둥처럼
쳐들어온다.

천상의 나래 위를
꿈같이 걷던 날들이
쓰린 비애의 비수를 꽂고
영혼을 갉아먹는다.

고통을 먹고 자란
일그러진 시詩다.

백운호수에서

구름 속에 숨은 별들
바람 따라 들어와
호수 속에 들었다

산그림자도 함께 들어와
붉게 물들이고 있다

어디선가 날아온 기타 소리에
청둥오리 떼 전설을 물고 돌아와
날갯짓할 때면

와인 잔에 가라앉은 하늘을 마시며
과거의 거리로 떠나는 사람들

우주가 삼켜버린 시간
神이 지워버린 얼굴들 매달고 서 있는
호숫가 노송의 그렁한 눈빛 속에

스스로 출렁이는 물소리 들으며
흥건히 젖은 별을 건진다

노을 속의 새

초생달에서 물감을 풀어내는
새 한 마리
선사의 유적
그 얼굴에 노을을 그린다

시간의 문틈으로 숨어 들어온
햇살에 집을 짓고

가려져 있는 우주 저쪽 동네
거기에도 꽃밭은 있어
붉은 꽃잎으로 피는 날갯짓

잎새 물드는 나뭇가지에
별들은 내려앉아
목청 높이 고요를 흔드는 소나타

가을바람 손을 잡아당겨도
봄 하늘로 날으는 역비행
〈

오늘도 빛바랜 노을 속을
휘젓는 날개 위에
그대 얼굴이 비친다

한 잎의 추억

잎사귀는
나무에만 피지 않는다.

내 유년의 강가에
심어져 자라고 있는
기억의 줄기에도
푸른 잎사귀 피어난다.

그 잎사귀에 올라앉은
칠성무당벌레
일곱 개의 점에서
별은 태어나고
별마다 그 사내아이의
떨리는 말소리 들린다.

은발 같은 흰빛 시간을 타고
거슬러 오르면
아버지의 큰 기침 소리
쿨럭

저만치 달아나던 그 아이
기억의 줄기 밑에
물망초 피어난다.

다뉴브 강 1

파도의 건반이 자아내는 음률
달빛에 풀리고 있다.

역사의 해일이
수없이 휘몰아쳐 간 자리
유태인의 영혼의 통곡이 아직도
둥둥 떠다닌다.

어딘가에서 날아온 물새들
문명이 물들인 탁류에 떠서
까마득히 사라져 버린
고향을 그리며 울부짖고 있다.

어둠이 서린 강가에
주인을 기다리다 삭아가는
유태인의 신발들
비탄의 눈물이 가득가득 고여 있다

다뉴브 강 2

참새들의 음악 시간
다뉴브 강이 흘러들어 온다
교실은 물결로 출렁인다

배를 띄우는 아이
낚시를 드리우는 아이
아예 풍덩 물속으로 뛰어드는 아이

선생님은 강 위에
새 날려 보낸다
달 띄워 보낸다

물 위에 악보가 그려진다

학교가 다뉴브 강
참새들의 꿈 흐르고 있다

베네치아

물새는
베네치아에 살고 있다

물결 따라 출렁이면서
전설을 띄우고 있다

물새는 베네치아에
먼 별을 향해
언제나 노래 부르고 있다.

골목골목 물의 미로를 헤맬 때
천년 역사는 에메랄드가 되어 반짝이고
물 위를 달리는 곤돌라*의 몸짓
나그네를 불러들인다

소월도 목월도
달빛 타고 오고 있다.

바람이 물 위에 새를 띄우는 도시

새는 떠나지 못한다

일몰의 베네치아
그림 속으로 들어가고 있다.

* 곤돌라 : 운하를 운항하는 배.

스페인 광장의 기타 소리

세비아 넓은 광장
바람을 타고 거니네

바람의 눈에 들어 있는 기타
구름에 기대어 있네

창 속의 악기처럼
따뜻한 몸에서 흘러나오는 음률
이국의 나그네들이 남겨 놓고 간 추억이
집들은 저마다 궁전이네

화가들 그림 속에 들어가
궁전의 큰 문을 열고 있네

그림 속에서 흘러나오는 '베사메 무초'

악사의 밀짚모자에서
별이 뜨고 있네
〈

푸른 지중해가 일어서서
붉은 키스를 하고 있네

난초와 소쩍새

찬바람 서성이는 하늘가에
달빛 푼 고요가 밀려든다

어둠이 드리운 창가에
얼룩진 입김이 초승달을 그리고
책장 넘기는 소리에
겨울밤이 떠밀려 간다

하늘 한 베일에 가리워진 듯
난향에 묻어오는 고향 내음

달그림자 밟고
세월을 우려먹은 나무에 앉아
밤새 울어대던
소쩍새 한 마리

마음은 고향 열차를 탄다.

정의 무게

푸른 밥상에
네 숨결 올라 있네

맞부딪친 커피 잔에
한 모금 정의 무게 가라앉고

네가 탄 ktx
냉혹한 도시를 벗어날 때
하늘은 진한 흑갈색이었네

휘황한 저 달빛이
강물에 풀리네

그날의 남은 심상을
풀어 보내네

쉽사리 가고 오지 못하는
둥지 튼 텃새들
미역 냄새 향기로 풀리는 날
푸른 하늘이 열리기를 기다리네

인사동

응고된 노을이
베레모를 쓰고 걸어간다

환상이 시(詩)로 익어가는 거리

빛바랜 골동품이
삼한의 사투리로 말한다

시간이 역류하는 곳

카페 골목을 어슬렁거리는 바람
묵향을 흘리고
꼬리털이 붓털로 뽑혀나간
담비가 불빛 뒤로 사라진다

달빛 풀린 강에 낚싯대 드리운 산수화
역사의 색깔로 빛날 때
진가를 가리는 핏대 세운 뒤범벅 소음을
청자 빛이 잠재운다.

3부

연두를 호명하다

아침의 기호

아침 산책길

내 빈 마음에
오월의 숲이 들어앉는다
이슬에 젖은 새벽 풀 내음
뼛속 깊이 스며든다

숲에 걸린 고요를
깨우는 내 발자국 소리
잔잔한 풀꽃들의 수군거림이
계곡에 내려 흐르는데

되찾을 수 없는 무한無限을 손에 쥐고
방황하던 날들
노마디즘이 발길에 채인다

파란 오월의 뻐꾸기
건반을 두드린다

기다림 1

삶이 느슨히 흐르던 시절

뒤돌아보면
숱한 그리움을 마다한 채
무심코 앞만 보고 달려온 시간들

어느새 차창엔
훌쩍 봄 언덕을 넘어
푸르름에 파랗게 물들더니
낙엽색으로 밀려간다

저물게 흐르는 강은
서늘하기만 한데
물 위에 노을빛은 더욱 짙어

어차피 꿈 하나 싣고 달리는 삶
종착역을 향해 거스름 없이
떠나는 길에
행여 소리 없이 다가와 동행할 누군가

숨어 있을지도 몰라
애꿎은 차창만
한없이 내다본다

기다림 2

산이 앓고 있다
바윗돌은 바윗돌대로
굴러가 부딪치고
폭포는 폭포대로 땅을 파고 있다

산이 누워 있다
흡혈귀처럼
산을 깎아먹은 고뇌
핏줄이 터지고
붉은 피가 계곡에 흐르고 있다

분노하는 산
자화에 화상을 입고
으르렁으르렁 울고 있다

저 미친 울림
진통이 하늘에 닿아
성난 해일로 덮치고 있다
〈

내 기다림은
하염없이 저만큼
우두커니 서 있다

가시

일회적 삶이기에
내 몸 안에 청구름이
부글부글 끓어올랐다.

폭발하는 욕망의 불길을
잡을 수 없어
뒤돌아볼 겨를 없이
사바 세상을 뛸 때
내 아이에겐 굶주린
정의 싹이 돋아나고 있었다.

사랑의 갈증이
회오리로 흔들릴 때
내 아이에게 돋아난 싹은
굵은 가시로 커갔다.

감당도 못할 것을
구하지도 못한 채
햇살은 서쪽으로 기울어 가는데

비 묻은 서녘 바람이 일 때마다
아이에게서 커가는 가시는
내 영혼을 찔러
시름시름 앓고 있다.

연두를 호명하다

꽃샘바람이
겨울을 안고 달아났다

창을 넘어 들어온 푸른 하늘이
소파에 눕는다.

미로를 헤매던 구름도 떠나가고
나뭇가지에 짖어대던
까마귀도 날아갔다.

차디찬 낮달의 시름
가슴을 밟고 지나간
시린 세월이 실어갔다.

빛바랜 오솔길에서
기지개를 켜고
맘껏 하늘을 마신다.

삭아가던 뼛속에 갇혀 있던 생이

저버린 풍경이 되어
그리움으로 스멀거린다

내 옷 속에 들어와
추위를 녹이고 있는 연둣빛 그대.

남해를 복사하다

남해의 봄을
한 자락 훔쳐 내게 보냈다

고요가 앉아 있는 바위에서
바라보는 구름 속엔
갯벌에서 추억을 캐고 있는
친구의 모습이
알프스의 풀꽃처럼 피어나네

벚꽃에 씨를 묻던
지난해 낙화는
탐스런 꽃을 쏟아내고 있네

봄 햇살이 시샘바람을 잠재우고
강가에 핀 버들강아지
잊혀진 고향 풍경이 묻어오는데

나의 봄은
아직도 찬 기운이 도는
파란 물결만 엎치락뒤치락거리네

하얗게 열리는 집

삭풍이 가고 꽃이 왔다

하얗게 열리는 작은 집들
구름이 들어온다
새들이 들어온다
소리의 색깔이
그리움을 그리고 있다

유년의 강에 흐르던 파란 하늘
생의 언저리에 머물고 있다

떠난 옛 친구는 그의 풍경 속에
네가 들어 있다고 하는데
썰물처럼 지난날
밀물로 다가온 올해
바라보는 모습은 다른 모습이다.

웃음은 꽃처럼

꽃들의 폭소가 터졌다
죽음의 겨울이 만들어 낸 향기
바람의 그림자가 휘젓고 간다

종일토록 그리움이 숲마다
초록빛 고요를 흔든다

명상의 구름이 날고 있다.
유년의 봄빛이 웃는다
배꽃 같은 웃음
넘어진 세월의 갈피 속에 스며든다

저무는 꽃길에 서서
나도 한 송이 풀꽃으로 피고 있다.

어떤 봄

하늘 한 점 날아와 앉았다

겨우내 숨겨 논
울음을 토해내며
고목은 애써 싹을 틔우는데

벼랑 끝에 매달려
흔들리고 있는
애송의 세상은 줄타기

꽃들은 세월로 흩어지고
가슴에 물새도 날아가 버려

앞동산의 하늘은 더욱 서러워

선뜻 떠나지 못하는
어설픈 봄날이
재깍재깍 달아나고 있다

고요를 깨다

고요를 깨고
오리나무 숲과 속삭이던 새들
강물 속에 들어 있는 산을 찾아들고
갈증에 등 돌린 계곡물 소리만
도란도란 빈산과 이야기를 나눈다

낙화처럼 야윈 낮달
바람에 밀려 지나온 길을 지우고
세월을 우려먹은 노송
고달픔을 초록 물결에 푼다

산비둘기 울음에 젖어가는 봄날은
그리움 하나 안고
저녁 구름 속으로 숨어든다

고요에 박혀 있는 별빛

붉은 노을이
긴 밤을 끌고 온다

거대한 고요에
박혀 있는 별빛마다
흑매黑梅의 꽃망울 터진다

시리고 추운 먼 시절
느티나무 아래 피어나던 웃음꽃

밤 깊도록 소리의 색깔이
교향악이 되어 가슴을 울리는데
놓쳐버린 세월을 안고
이 밤
복사꽃 같은 싹 하나 트고 있다

바람의 옷

꽃비 쏟아져 내린
나뭇가지 사이로
후투새 한 마리
온통 푸른 말로 입을 뗀다

이런 날엔
바람도 연둣빛 옷을 입고 온다

설레임을 밟고 걷는
우이동 길
막차 타고 뒤따라 올 것만 같은
기다림

서재에서

책의 바다에 빠져
지금 표류하다가

끝없이 몰아오는
글자의 물결에
부대끼다가

문득 다가오는 수평선
푸른 뭍이 보인다

격랑의 이랑으로
흘러오는 눈부신 빛

새 뭍으로 향하는
내 안의 해일이었다

새의 오월

숲에 살고 있는 태양을
불러들인다

봄을 앓던 두견이
사랑을 퍼 올린다

숨 가쁘게 세월은
구름 따라 달리고
꽃 진 자리에
엎질러진 향기 짙은데

하늘을 바라보는 파란 가슴엔
고독의 새들이 날아든다
그 안에 갇힌 추억은
그리움으로 익어간다.

4부

생존의 무게

여름의 끝자락

수척한 달이
여름 강을 건너고 있다

그늘만큼 푸르렀던 나뭇잎들
지난 기억을 지우고 있다

갈 길 바쁜 매미는
밤 등불을 이고
심장 터지는 울음을 쏟아낸다

숲을 떠난 방황의 새떼들은
하늘가로 몰려들고

바스러지는 고서의 책장처럼
나리꽃 무리들은
부서져 내린다

강 하나 건너
가을 강을 향하는 달은
저 혼자 돌아앉아 눈물 닦는다

겨울에 들다

햇빛 앉았다 지워진 자리
가을이 떠나고 있다.

우수의 깃털 날리다 우수수 쌓인다
그늘 서성이는 마당 가장자리
풀들이 고개 수그리고 있다.

바람은 지금 어디쯤 가고 있는가
달맞이꽃도 시름에 겨워
신도 눈물 흘리고 있는 시대

산은 산대로 물은 물대로 함께 우는데
초록의 날들 같이 걷던 길
희미해지고 있다.

찬 서리 내리는 들녘
엎드려 있다

햇빛 앉았다 지워진 자리
가을이 떠나고 있다

집시

집은 많지만
내가 머물 집은 없다

바람이 멈추면
죽는 것처럼
나도 한곳에 머물 때
없어질 수밖에 없다

흘러야만 강이고
불어야만 바람이다.

나는 지중해를
건너는 햇살처럼
어디론가 끊임없이
가야만 한다.

노을의 끝

노을을 그려놓고
날아가는 세월

회한의 몸살은
올해도 여전하고
시린 눈 위를 밟는
달빛의 미소만 푸르네

산사나무 가지에
산까치 소리 유난히 높더니
어딘가 휘파람 소리 날아와
한 해를 설레임으로 띄웠네

미처 채우지도 못한 채
버나드 쇼처럼
"우물쭈물하다"*
성급하게 걸어오는
새해의 발자국 소리
〈

또 한 해를 놓친 신음이
겨울바람에 흩어지네

* 버나드 쇼의 묘비명에서 차용.

생존의 무게

6월의 나뭇잎이
바람에 흔들린다

흔들리는 나무 잎새 위에
달팽이 한 마리
달덩이 같은 단칸집을 등에 지고 간다

멀어져 간 세월 한 자락 속 전쟁
짐을 지고 하염없던 나는
한 마리 달팽이였다

폭탄 터지는 파편의 칼날
우박처럼 쏟아지는 총알
생사의 갈림길에서도
내려놓을 수 없었던 짐

땀은 피로 응고되고
응고된 피는 살점으로 튀었다
아슬아슬 달팽이가 나무줄기를 타듯

달팽이는 아슬아슬 나무줄기를 기어오른다
깊게 누르는 생존의 무게

고뇌의 짐을 지고 곡예를 한다

하얀 길로 떠난 친구

여름에 그을린
가을 언덕은 명계 만리길

휘날리는 햇빛은 갈잎이 되고
날아가는 바람은 먼지가 된다

허위허위 저 길 넘어가는
그 얼굴 목덜미며 잡아주던 손
저녁 어스름 속에서 희미하게 보인다

만지작거리며 손때 묻은 꿈이나
울음 섞여 읊던 구르몽의 시

그녀가 남겨준 것이
저기에 밀쳐져 반짝이고 있구나

하늘을 등지고
세상 어디를 걷고 뛰어도 우린 하나였다
〈

하얀 눈물의 여로를 홀로 걸어갔나
네가 아니면 풀 수 없는
통한은 어찌할까

노을 지는 가을 언덕에서 너를 부른다

꿈의 풍경

숨어버린 둥근 얼굴이 그리워
짙게 빛을 뿜어내는
검은 하늘의 보석들
뚝 뚝 따서 가슴에 담고

가파른 세월의 언덕을 오르며
하나씩 꺼내 허공으로 던졌다

잿빛 모래도시를 걸으며
목이 타는 발자국에 고이는 허무

노을 길 밟는 발등에
남은 별 하나 걸려 있어
숨어버린 얼굴을 애써 찾는가 보다

사망의 그늘

징소리는 머릿속에서 수없는 별을 쪼갠다
빗나간 미인의 꿈이 몇 겹 쌍꺼풀진 눈 속에서
검은 어둠이 되어 먹물처럼 고인다
택시를 타고 십리를 달려도 만날 수 없는 웅덩이 꺼진 눈
귓속을 돌리는 물레방아는 온종일 심장의 소리를 찧는다
허리케인을 불러 거센 파도로 엇갈린 혈행
주름살을 조각하는 간헐적 맥박 소리
조약돌이 끼인 듯 명치끝 신음
거친 손에 들려진 검은 줄에 달린 빠알간 알이
입속 터널을 뚫고 들어가 역사의 흔적을 찾을 때
반기는 유적들이 포즈를 취하며 자태를 뽐낸다
경관에 취한 탄성이 짐승의 소리로 쏟아지는 병동
어느새 꽃잎 날아간 앙상한 팔
휘청이는 갈대 같은 다리 위에서 흔들린다
먼동이 트면 사라지는 달처럼 밤은 깊어가고
천둥을 실은 바람 경고등을 울리고 떠나면
금이 간 그릇을 깨고 빠져나오려는 영혼은
돌아올 수 없는 긴 여행을 준비한다

쉼이 그리워

노을 한 자락 베어
곱게 옷 지어 입고
구름 속으로
들어가셨나요

두고 온 나그네의 길에서
소록도 눈물 뿌린
물소리는 여전히
파도에 앉아 흥얼거리고

편견의 독화살 맞으며
걸었던 황톳길도
팔 벌려 기다리는데

글의 그물에 엉긴 물새들도
떼 지어 나는데

이젠 쉼이 그리워
날개 접고 주무시려나

〈
젖은 이불처럼 누르던
등의 무게를 내리시고
편히 잠드소서

잠 속의 길

더듬고 숲길 지나 양지녘
잠이 깊다.
잠 속에 뽀듯 난 길을 따라
어머니의 숨길을 만난다.
네가 왔냐
먼 언덕에 앉아 있다
내려오는 기척에
한 서린 퍼런 절규를 보내고
하늘 어디쯤 숨어 계신지
얼굴 보이지 않고
내달리는 바람만 갈앉아
무덤을 더듬고 있다.

현충원에서 1

투구꽃이 피었다
아직도 포연이 뿌옇다
머리를 수없이 날아다니던
깨어진 광선들
이명으로 남아 있는 포성이
비에 젖고 있다
독 오른 얼굴에
아우성의 시간들이 지나간다
지옥의 어디쯤일까
불멸의 날과 달이
구겨지며 피 흘리고 있다

현충원에서 2

나라를 지키러 떠난 외아들
한줌 재가 되어 돌아오던 날
어머니의 모든 것도 함께 묻고
빈 껍질로 70여 년 살아왔다

기다림으로 눈도 어두운
백발의 어머니는 오늘도
아들의 무덤을 찾았다

묘비 앞에 한 포기 투구꽃
피 젖은 6·25의 포연 속에서
아들이 쓰러지던 그날에도
어느 전선에 피어 있었을 꽃

아들의 넋이 살아온 것일까
어머니의 흐려진 눈앞에
늠름한 아들의 모습으로
푸른 제복에 철모를 쓰고
거수경례를 하며 다가온다

〈
쓰러져가는 산간 초가
뒷산 전나무 우는 겨울밤
서릿발 밟는 바람 소리에
잠을 설친 수많은 날과 달

끼니때면 밥상을 차려놓고
아들을 기다려온 어머니는
아무리 먹어도 배가 고팠다

무욕無慾

구름도 꿈을 꾸네
꿈꾸며 산에 오르네

저 아래
시멘트 건물들이
잰걸음으로 쫓아 올라오네

지나가는 새들
그러나 죽은 그림 속을 날고 있네

백운대를 등지고 세월로 휘어진
소나무 아래 앉아
생의 파도를 넘어 긴 강을 건너온
소설 같은 날들을 뒤적여 보네

산 내음에 은은히 번지는
무욕無慾의 마음

노을 이고 떠나는 구름을
나는 등 굽은 소나무에 걸어 놓았네

낮달의 표정

계절이 몰고 온 삭풍
고요가 쌓여서
솟아오른 산을 흔든다

감나무 끝 하늘가에
걸린 낮달
번민에 지쳤는지 수척해졌다

세상이야 제가 정해 놓은
길 따라 흘러가겠지만
풀잎 같은 가슴들
시름으로 물든다.

5부

달, 쪼아 먹히다

도화지 위에 뜬 조각달

불빛 도시가 흘려보낸
도화지 한 장
호수 위에 떠 있네

달빛은 푸르러만 가고
나도 파란 마음을 띄워보네

아득히 떠나온 날
뜰의 정겨운 배나무에 기대어
고요에 젖은 그림을 바라보았지

세월의 파도를 넘어
잠시 부풀던 생각도 기울어
내가 그린 그림 바삐 달리는데

못다 그려 남아 있는
꿈의 잔해를
저 물에 실어 보내네

이명

빈집에 앉아 있어도 숲속이다

아침 햇살을 똑똑 분질러서 안은 바람이
숲으로 던지고 있다
나뭇잎이 이슬을 굴리면
산새들 속아내고 앉은 자작나무
휘파람 소리를 날려 보낸다

도르롱 도르롱
계곡물 자갈 굴리는 소리
솔바람 파도를 몰고 와 숲을 흔들면
어느새 가을을 향해
굴렁쇠 굴리며 내달리는
수척한 낮달

노을의 흐느낌 속에서
때 이른 귀뚜라미
저 혼자 돌아앉아 구시렁거리고
내 손수건에는 어둠이 젖어온다

달, 쪼아 먹히다

왜가리에게 쪼아 먹힌
달 한 덩이 강 위에 떠 있다
갈대 서걱이는 강바람 속
풀벌레 울음으로 젖어가는 가을밤

그 여름날 푸르름으로
버티어 온 풀잎에
밤이슬 방울진다

천년 한을 씻는 강물 소리
별들의 그렁한 눈물이
유성으로 흐르면

물 위를 걷는 내 마음
우수를 앓는 달 안고
끝없이 끝없이 떠내려간다

시적詩跡이라고 말하고 싶다

내가 다니는 곳에
발자국이 있다

숲이나 늪
길이나 놀

내가 어슬렁거리는 곳에
너의 체취가 나나이다

냉기 품은 시간은 고요로 잠겨
잠시 고개 들다 눈 감고
다시 깊은 골짜기에 빠진 날들은
그리움이 갈증으로 타고 있었다

별꽃으로 피는 터진 그리움

오랜 날 숨죽이며 쌓아온 사랑
더 견딜 수 없는 날 되어
보랏빛 청초로 하늘을 여는

빛도 없는 제비꽃이여

한 번의 미소로 온 생을 비추는
긴 아픔을 어찌 견디었는지

오늘은 네 속에 들어가
고통의 날들을 만나고 싶다
비애의 날을 골라
읽어주는 이들처럼

보리수가 밝아서

피난 시절 아득한 산골
떡갈먹이산 바윗골엔
보리수 나무가 많았다

아기 볼처럼 볼그레한 보리수
한 옴큼 입에 털어 넣으면
어둠 머금은 얼굴들
환하게 밝아왔다

보리수 따던 아이들
땅벌 집을 잘못 건드렸다
연대 병력의 적병이 몰려오듯
새까맣게 쏟아져 나온 벌 떼
머리 몸속을 파고들어
빈 뱃속까지 쏘았다

불씨 튀듯 흩어진
아이들의 울음소리
떡갈먹이산이 흔들렸다

〈
배고픈 서러움의 슬픈 음률이
퉁퉁 눈이 부어 메아리로 돌아왔다

그린공원

이별의 손처럼
싸늘해 가는 그린공원
감기를 앓고 있다

열병 뒤에 빠지는 머리칼처럼
뒤엉킨 나목의 뿌리에
발등이 걸린다

목에 걸린 가시같이
골짜기 흐르는 물에 걸려 있는 솔잎들
나무를 흔드는 찬바람 소리는
산의 밭은기침

하나 둘
눈물처럼 떨어지는 솔방울에
눈치 없는 다람쥐들이 맞고 있다

허기진 산비둘기 울음
때마침 밀려드는 저녁을 흔든다

물꽃

못내 그리던 파도가 달려와
바위에 부딪쳐 안고
잉태한 하얀 물빛 꽃송이

물결로 부서져 피어 온 세월

드넓은 대해의 건반 위에
서로의 체온을 묻히고
숨결을 가슴에 감으면서
춤추던 왈츠의 그윽한 음률

그리움을 가슴에 밀물로 찰싹이며
하얗게 꽃피우던 숭고한 시간들

서럽게 썰물로 휘몰아 가버린 날

다시는 피울 수 없는 그날의 물꽃을
노을 지는 황량한 바닷가에서
젖은 눈으로 밤내 바위 위에 조각한다.

그릇

흙으로 빚은 그릇
영을 담고 있다

영과 육은 한집에
살고 있지만
온 곳이 다르고
걷는 길도 다르다

세상을 그리는 육(肉)
하늘을 사모하는 영(靈)

영은 육의 길을 막아서고
육은 영을 거스른다

서로의 치열한 싸움
세월이 터진다

어느 날 그릇이 깨어지면
이별을 고하지도 못한 채

본향을 찾아
훨훨 노을 걷힌 하늘을 난다

조개 무덤

몸을 뒤채는 파도는
갯벌을 안은 뒤
조개를 낳았다

달빛 따 먹고
커가는 조개

조개 속에서 뜨는 달

평생 달을 키워
달을 낳다 죽어간
조개 무덤이 산처럼 높다

노을 뜨는 바다
저쪽은 허전하다

잠든 산

호수에 들어와 잠든 산
하얗게 가슴 내보인 달 하나
숱한 말을 삼킨 채
이제는 침묵으로 흐르네

애증의 세월
여울물에 띄우고
우러르는 하늘은
차라리 노을빛 증오인가

호수에 젖은 산그늘이
조용히 빈 조롱 가슴에 들어앉는다.

귀뚜라미

적막이 녹아 있는 수풀 속
갈색 옷이 울고 있다

울음소리로 여름을 물리치고
물소리 새소리도 모두 날려 보냈다

숲의 문을 닫는다
오늘 밤 읽어야 할 책

읽다 읽다 지치면
달빛 한 사발 떠 마시고
긴긴 소설을 엮는다

되돌아오는 길

기적汽笛 속에는 오빠가 들어 있다

내 유년의 강가에 서 있는 오빠
'라팔로마'*를 즐겨 부르고
꿈의 돌을 캐고 있었지

그가 온다는 날
부푼 가슴을 누르고
산모롱이를 굽이굽이 휘돌아
강을 건넜지

구절초 핀 송장벌을 지나
오색 금줄 친 성황당에 돌 하나 던지고
재를 넘어 출렁다리를 건너
달려간 기차역

코스모스 무리를 헤치며
헐레벌떡 달려온 열차
눈을 닦고 보아도 오빠는 없었다

지루하게 기다리던 막차마저
고래고래 소리 지르고 떠났다

기다림의 쓴맛보다
돌아올 밤길 20리가 아득했다
달빛마저 구름에 숨어버렸다
캄캄한 밤
귀신이 따라올 것 같은 으스스한 송장벌
노래를 부르며 뛰었다

강 건너 뱃사공을 불러 강을 건넜다
산길 언덕을 올랐다
벼랑 아래 시퍼런 각시소를 지날 때
머리끝이 곤두서고 전설 속을 걷는 듯했다
산모롱이 돌아설 때 짐승이 나올까
내 발자국 소리에도 오싹 소름이 돋았다

물레방앗간은 유령의 집
전속력으로 달렸으나 발이 천근

뛰고 달려도 그리도 먼 길
아련히 동네 불빛이 보일 때
땀이 온몸에 흥건했다
집에 들어서자 쓰러졌다

지금도 기적 속엔 오빠가 있다
그날의 그 길이 신(神)이 시켰던
인생길의 예행연습

* 라팔로마(la Paloma) : 스페인어로 비둘기란 뜻. 1850년대 세바스찬 이라디에르가 작곡한 스페인 민요.

공허, 조우하다

가을이 내려앉은 서울대공원
삶의 틈새로 만난 동문들
단풍이 녹아 있는 추억 속을 걷는다

웃음 꽃도 눈물 꽃도 피고 진 지 오래
호수에 철새마저
산 그림자에 놀라 날아가고
구름 몇 덩이 떠다닌다

무리 속에 날아오는 새 한 마리
선뜻 다가서지 못하는 아쉬움

산처럼 쌓인 말을 침묵으로 삼키며
케이블카 타고 날아보아도
부칠 곳 없는 마음 허공을 떠도네

공원의 정취는 신비한 화폭인데
스산한 바람이 일 때마다
아릿한 가슴 호수에 잠긴다

바람의 초상

등에 돌을 던지고 달아난 건달

카우보이모자를 삐뚤어 쓰고
모래사장을 어슬렁거리다가

거친 바다에 내달아
말끔히 닦은 얼굴
한파람 목청 뽑아
물꽃을 피운다

잡을 수도 막을 수도 없는
회오리의 불길
거센 물결로 휘감는 시간 속에
잉태한 해월$_{海月}$

파도를 가르는 휘파람 날리며
서부로 사라진다

석양에 물든 물꽃의 눈물

작은 씨알

오래전 묻어둔
작은 씨알 한 알

침묵이 어둠에 휩쓸려
떠밀려간 새벽
문밖에 밝음이 서려올 때
문득 파내어 하늘 위로 들어 올려
문 열고 보았다

언제 들어왔는가
한 자락 풍경

땅 밑에서 뜻 없이 흘러내리던
색깔과 모형이 얽히고설켜
숨결을 트고 있다

소스라쳐 서둘러
문을 닫았다가도
궁금증에 못 견뎌

다시 열어보니

세상 밖으로 나오려는 듯
아우성이다

■□ 해설

관념과 정서 동태적 이미지로 재구성 돋보여

박진환(시인·문학평론가)

1. 전제

일찍이 C. D. 루이스는 모든 시는 그 자체가 하나의 이미지라고 말했다. 시 곧 이미지란 등식을 성립시키는 이 말은 달리 이미지가 곧 시라는 등식을 성립시킨다. 그래서 시는 이미지 자체가 될 수 있고 이미지는 곧 시가 될 수 있게 되는 이치를 성립시킨다. 그런가 하면 D. 토머스는 내 이미지의 여하한 연속이든지 그것은 창조·개조·파괴·모순의 연속이 아니면 안 된다고 피력한 바 있다. 피력대로라면 이미지는 창조가 되기도 하고 개조가 되기도 하며 파괴나 모순이 되기도 한다. 그래서 파괴와 모순을 통해서 창조가 되기도 하고 개조가 되기도 하는 일종의 변용이 되는 시적 기능을 이미지가 담당하고 있는 것이 되게 된다.

  이러한 시의 창조의 원리나 시적 기능으로서의 이미지는 종국에는 개개가 상호 관련함으로써 하나의 관념까지도 눈에 보이듯이 상기할 수 있다는 말라르메의 시론으로까지 연계시켜 볼 수 있게 한다. 말라르메의 이 지적에서 관념까지도 시각화한다는 부분은 정서까지도가 빠진 듯한 느낌을 지우지 못하게 한다. 왜냐하면 이미지는 내면적이고도 정신적인 것을, 외양을 지닌 객관적 상관물을 발견, 정서와 관념을 대신 드러내는 변용이나 변형이 되어주기 때문이다. 이러한 예는 엘리엇이 시를 정서의 도피로 보면서 관념을 배제했던 경우와 흡사한 예가 될 수도 있다.

  이미지에 대한 명명은 정신적 이미저리, 비유적 이미저리, 상징적 이미저리로 불리어졌고 여기에 형이상학적 이미지라는 용어로 불리어지기도 한다. 그런가 하면 사상주의寫象主義, 심상주의心象主義, 형상주의形象主義를 총칭해 이미지즘으로 명명되기도 한다. 풀이와 함께 명명이야 어쨌건 20C 시학과 시법을 대표했던 이미지는 에즈라 파운드가 지적했던 것처럼 한 평생에 여러 권의 작품을 만들어 내느니보다 차라리 하나의 이미지를 제시하는 것이 더 낫다고 할 만큼 이미지는 20C 시법이자 시 자체였다고 할 수 있고, 21C에서도 예외가 아닐 만큼 이미지는 시학적 위상을 지니고 있다.

  이러한 전제를 모두에 제시한 것은 신인호 시인의 시집

『사유(思惟)의 우물』에 접근하기 위한 방법론을 제시하기 위해서란 점을 밝혀두면서 시집 『사유(思惟)의 우물』을 들여다보기로 한다. 시집 『사유(思惟)의 우물』은 시사하는 바가 많다. 사유(思惟)는 관념이고 우물은 땅을 파서 지하수를 괴게 하는 설비로서 외양을 지니고 있기 때문이다. 바꾸어 지적하면 무형의 내적인 관념과 유형의 외양을 지닌 사물의 병치라는 점에서 두 병치가 환기시키는 시적 암시성을 내재하고 있다고 보여지기 때문이다.

내면적이고도 정신적인 것에 형상을 부여, 사물이나 존재로 태어나게 하는 것을 형상화라고 하는데 20C 시학에서 보면 관념이나 정서의 물화라고나 할까, 형상으로 재탄생하게 하는 변용이라고나 할까를 제시하면서 시집으로 이를 보여주고자 했을 것으로 추정하게 하는 암시를 하고 있다고 보여지기 때문이기도 하다.

앞에서 이미지에 대한 여러 명명을 제사한 바 있으나 시집 『사유(思惟)의 우물』은 또 다른 이미지의 명명을 요구하고 있다고 보고 동태적(動態的) 이미지라는 명명을 제시해 본다. 동태적 이미지는 달리 역동적(力動的) 이미지로 불릴 수도 있는 살아 움직이고 있는 생동감 넘치는 이미지를 두고 붙여본 명명으로서 시집 『사유(思惟)의 우물』 시편의 행간에서 자주 발견되는 이미지다. 어쩌면 역동적 이미지에서 시를 출발시켰다 할 만큼 많은 시편들이 동태적 생동감의 이미지를 제시하고 있다.

시법으로 치면 엘리엇의 '정서로부터의 도피'도 되고 루이스 식으로는 시는 이미지란 등식도 되고, 토머스의 시론대로라면 시의 창조·개조·파괴·모순이 되기도 한다. 그리고 말라르메의 피력대로라면 관념의 시각화나 정서의 시각화쯤에 잇대어 볼 수도 있게 한다.

이러한 전제는 신인호 시인의 시집 『사유思惟의 우물』에 접근하기 위한 통로 열기를 위한 이론의 뒷받침을 위해 동원된 것들로서 시집을 통해 이를 보다 극명히 했을 때 시집 『사유思惟의 우물』은 그 본태를 드러낼 것으로 본다.

2. 동태적 이미지와 시의 생동감

시집 『사유思惟의 우물』에는 5부에 나누어 70편의 시를 수록하고 있다. 대부분의 시편들이 정서나 관념 같은 내면적이고도 정신적인 것들을 관념이나 정서에 상응하는 외양을 지닌 존재나 사물에 의탁, 형상으로 재구성해내고 있는데 동원된 이미지들이 살아있는 동태적 역동성을 지닌 이미지로 재구성되고 있어 생동감을 체험하게 해주고 있다. 그 때문에 정서나 관념이 노출하기 쉬운 루즈한 정태감을 극복하고 있는데 시가 탄력성과 긴장감을 수반하고 있는 것은 시의 새로운 리듬을 형성하는데 기여하기도 한다.

수록 시를 일별하면서 이미지스트 선언을 떠올리게 했는데 선언의 6항 중 자유시를 쓰되 음의 효과나 억양을 무시하지 말고 새로운 리듬을 창조할 것을 요구한 2항 '새로운 리듬'의 풀이가 이미지의 생동감과 무관하지 않다고 여겨졌기 때문이었다.

이미지스트들이 요구했던 '새로운 리듬'은 정서적 조율이나 정서적 감동에서 자장하는 그러한 리듬도, 자수율이나 율격에서 맛보았던 그런 고전적 리듬이 아닌 현대적 리듬의 요구였다. 서로 대립되고 모순되는 갈등의 요소를 병치시켜 팽팽한 긴장을 유지하게 하고 그 탄력이 파장하는 자장에서 체험되는 긴장의 파장이 리듬이었기 때문이다. 그리고 이 리듬의 조장이나 조율은 이미지와 이미지의 병치, 병치가 수반하는 대립과 갈등과 모순만이 퉁겨낼 수 있는 파장의 작용이었기 때문이기도 하다. 신인호 시인이 이를 익히 알았거나 염두에 두고 시를 출발시켰던 것이나 아니었는지를 떠올리게 했다는 점도 밝혀둔다.

이쯤에서 시를 제시, 구체화해 보기로 한다.

    고요가 소리를 내며 녹아내린다

    글썽이는 여름의 끝자락을 거두며
    달려온 소슬바람

생각을 밟아 가는 동안
풀벌레 소리 허공에 성근 천을 짠다

어둠을 먹고 자란 밤하늘
도라지꽃이 숲이 되어
떠 있는 속을 헤집고 나온 하현달
창문에 서성일 때
구겨진 그리움 하나
농익어 흔들린다

빗속에 지워진 얼굴들
풀꽃에 묻어 노을로 지고

어둠을 둥글게 끌어안고
잃어버린 것들을 퍼 올리는
계절의 정취
사색의 늪으로 떠밀려 간다

 예시는 시집 타이틀이기도 한 시 「사유思惟의 우물」 전문이다. 첫 행 '고요가 소리를 내며 녹아내린다'에서부터 진술이 다르다. 첫째는 '고요'는 조용한 정적이다. 그런데 시인은 이 정적에 '소리를 내며'라고 대응시킨다. 시적으로는 양극화다. 서로 상반된 진술로서 이를 균형으로 이끌어내는 것이 아이러니다. 균형의 파괴를 통한 균형이 다름 아닌 양극화다. 이러한 양극화는 형이상 시인들의 전매특허품으로서 컨시트의 산물이다.

 2연의 시행 '생각을 밟아 가는 동안'이나, '풀벌레 소리 허공에 성근 천을 짠다'도 신선한 착상이다. 그리고 '밟아 간다', '천을 짠다'는 다 동태적 이미지다. 그런가 하면 3연의 시행 '구겨진 그리움 하나'나 종연에서의 종행 '사색의 늪으로 떠밀려 간다'도 그리움을 '구겨진 그리움'으로, 사색을 '늪으로 떠밀려' 가게 함으로써 정서나 사유의 무형의 내면적인 것을 '구겨진다', '떠밀려 간다'는 생동감 넘치는 동태적 이미지로 변용시켜 주고 있다.

 이러한 변용을 러시아 형식주의 시인들은 낯설게 쓰기라는 시법의 레토릭으로 차용함으로써 관념이나 정서의 등가물을 빌어 형상화했던 셈이다. 신인호 시인도 관념이란 사유를 우물이라는 사물에 병치시킴으로써 사상의 감각화 내지는 정서의 표상화로 변용에 값하고 있는 것이 되는데 이 점 이미지의 시적 기능이나 효용을 알고 자신의 시에 실천하고 있는 것으로 보여진다.

 몇 편의 시를 더 제시, 구체화해 보기로 한다.

  가) 고독

    그것은 폭도

칼과 낫으로 내 삶을 벤다.

살을 벗어나 달아나는 숨결도
쫓아가 저며댄다.

그것은 소리 없이
스며들어 오지 않는다
악을 쓰며 천둥처럼
쳐들어온다.

천상의 나래 위를
꿈같이 걷던 날들이
쓰린 비애의 비수를 꽂고
영혼을 갉아먹는다.

고통을 먹고 자란
일그러진 시(詩)다.

나) 산이 앓고 있다
    바윗돌은 바윗돌대로
    굴러가 부딪치고
    폭포는 폭포대로 땅을 파고 있다

〈

산이 누워 있다

흡혈귀처럼

산을 깎아먹은 고뇌

핏줄이 터지고

붉은 피가 계곡에 흐르고 있다

분노하는 산

자화에 화상을 입고

으르렁으르렁 울고 있다

저 미친 울림

진통이 하늘에 닿아

성난 해일로 덮치고 있다

내 기다림은

하염없이 저만큼

우두커니 서 있다

예시 가)는 「고독 2」, 나)는 「기다림 2」의 전문이다. 예시 가)는 '고독'이라는 정서를, 나)는 '기다림'이라는 정서를 각각 형상화한 시다. 두 예시는 내면적인 무형의 것들이다. 이

무형의 것을 등가성을 지닌 객관적 상관물을 발견, 유의 모습을 갖추게 함으로써 형상으로 재구성해 주고 있다.

예시 가)에서 '고독'은 외로움이란 내면적 정서다. 이를 '폭도', '칼'과 '낫'이란 악마적 이미지로 변용, '살을 벗어나 달아나는 숨결도/쫓아가 저며대'게 함으로써 정서가 사물로 둔갑하고 있다. 그러면서 '악을 쓰며 천둥처럼/쳐들어'오게 함으로써 악마적 이미지에 더 강렬한 악의 이미지를 오버랩시키고 있어 섬뜩함을 체험하게 한다. 그런가 하면 이를 180도 반전, 4연에서는 '천상의 나래 위를', '쓰린 비애의 비수를 꽂고/영혼을 갉아먹는다'로 천사와 영혼에 대응시킴으로써 양극화를 심화시킨다. 메타포로 보면 병치이고, 형이상적 발상에서 보면 양극화의 대립을 점층시켜 이를 합일함으로써 긴장의 이완을 통해 카타르시스를 체험하게 해주는 컨시트가 된다.

두 양극화의 대립과 갈등과 모순의 첨예한 양상을 화해의 새로운 질서로 이끌어냄으로써 카타르시스를 체험하게 해주는데 그것이 종연 '고통을 먹고 자란/일그러진 시(詩)'로 제시되고 있다.

예시 나)도 같은 맥락성에 잇대어 있다. 시인이 노래하고자 한 것은 기다림이란 정서다. 그런데 시에서는 정서의 노출 아닌 '앓고', '부딪치고', '파고' 등의 동태적 이미지를 빌어 강렬한 역동성을 배가시켜 주고 있다. 1연의 이러한 악마적 이미지는 2연에서도 '흡혈귀', '깎아먹은 고뇌', '핏줄', '붉은 피'와 같은 악마적 이미지로 이동된다. 그리고 3연에서는 '분노', '화상', '으르렁 우는 울음'으로 연계되면서 3연에서는 '미친 울림', '진통', '성난 해일'로 점층적 이미지로 구체화·다양화, 기다림의 정서가 악마적 이미지러리로 이동되면서 동태적 이미지의 구체화를 제시해 주고 있다.

이어 정서의 등가물을 통한 형상화를 관념의 등가물 발견을 통한 이미지로 재구성한 시편을 제시해 본다.

가) 6월의 나뭇잎이
　　바람에 흔들린다

　　흔들리는 나무 잎새 위에
　　달팽이 한 마리
　　달덩이 같은 단칸집을 등에 지고 간다

　　멀어져 간 세월 한 자락 속 전쟁
　　짐을 지고 하염없던 나는
　　한 마리 달팽이였다

　　폭탄 터지는 파편의 칼날
　　우박처럼 쏟아지는 총알

    생사의 갈림길에서도

    내려놓을 수 없었던 짐

    땀은 피로 응고되고

    응고된 피는 살점으로 튀었다

    아슬아슬 달팽이가 나무줄기를 타듯

    달팽이는 아슬아슬 나무줄기를 기어오른다

    깊게 누르는 생존의 무게

    고뇌의 짐을 지고 곡예를 한다

나) 가을이 내려앉은 서울대공원

    삶의 틈새로 만난 동문들

    단풍이 녹아 있는 추억 속을 걷는다

    웃음 꽃도 눈물 꽃도 피고 진 지 오래

    호수에 철새마저

    산 그림자에 놀라 날아가고

    구름 몇 덩이 떠다닌다

    무리 속에 날아오는 새 한 마리

    선뜻 다가서지 못하는 아쉬움

〈

산처럼 쌓인 말을 침묵으로 삼키며
케이블카 타고 날아보아도
부칠 곳 없는 마음 허공을 떠도네

공원의 정취는 신비한 화폭인데
스산한 바람이 일 때마다
아릿한 가슴 호수에 잠긴다

  예시는 가)는 「생존의 무게」, 나)는 「공허, 조우하다」의 각각 전문이다. 두 예시 다 관념을 관념의 등가물로 이동, 재구성한 것들이다. 가)의 '생존의 무게'는 계량되거나 척도 되는 것이 아니다. 계량될 수도, 척도될 수도 없는 '생존'을 '달팽이' 한 마리를 제시, '단칸집을 등지게' 함으로써 생존의 무게를 대신 제시하고 있다. 그러면서 생존을 '전쟁', '짐을 지고' 살아가는 한 마리 달팽이를 화자의 대리 대상화함으로써 무게의 척도를 암시하고 있다. 달팽이가 짊어진 집과 화자의 생존의 무게를 대응, 병치시켜 암시함으로써 삶의 고뇌가 짊어진 짐을 묵시적으로 계량하게 해주고 있다.
  예시 나)도 예외가 아니다. 공허, 조우하다란 무형의 관념을 형상으로 재구성해 주고 있는데 호수에 연계시켜 등가성 해석을 곁들이고 있다. 호수와 철새는 화자의 마음과 화자

자신을 병치시켜 대칭시킨 것이 된다. '호수의 철새', '새 한 마리', '호수에 잠긴' 가슴 등의 이미지는 연상상이 이끌어 낸 객관적 상관물이 된다.

해석이야 어찌 됐건 관념과 정서를 정서와 관념에 상응하는 객관적 상관물을 발견, 재구성했다는 점에서, 그리고 동태적 이미지로 역동성을 배가했다는 점에서 이미지의 미학을 읽게 해주고 있다. 이쯤에서 결론은 제시될 수 있을 것으로 보고 제시해 본다.

3. 결어

지금까지 본고는 신인호 시인의 시집 『사유思惟의 우물』을 이미지를 중심으로 조명해본 셈이다. 그 결과 시인이 즐겨 동원한 이미지는 살아있는 생동감 넘치는 동태적 이미지를 즐겨 동원하고 있고, 또 이를 시법으로 자신의 시에 실천함으로써 역동적 이미지 미학을 실제화했다는 점에 결론은 귀결될 것으로 본다. 그리고 이 점이 신인호 시인이 이번 시집으로 거둔 시적 성과로 제시될 수 있을 것으로 본다.

미네르바 시선 063

사유思惟의 우물

초판 1쇄 발행 | 2021년 07월 15일

지 은 이 | 신인호
펴 낸 이 | 신정윤
펴 낸 곳 | **지성의 상상 미네르바**
등록번호 | 제300-2017-91호
등록일자 | 2017. 6. 29.
주   소 | 03131 서울특별시 종로구 율곡로 6길 36,
　　　　　월드오피스텔 802호
전   화 | 02-745-4530
전자우편 | minerva21@hanmail.net

ISBN 979-11-89298-33-3 (03810)

값 9,000원

* 이 책은 전부 또는 일부 내용을 재사용하려면 반드시 저작권자와
　미네르바의 동의를 받아야 합니다.